SUPERANDO EL DOLOR

UN LIBRO PARA Y ACERCA DE ADULTOS VÍCTIMAS DE ABUSO EN LA NIÑEZ

SUPERANDO EL DOLOR

UN LIBRO PARA Y ACERCA DE ADULTOS
VÍCTIMAS DE ABUSO EN LA NIÑEZ

Eliana M. Gil, Ph.D.

Launch Press
P.O. Box 31493
Walnut Creek, CA 94598

Ilustraciones: Sally Haskell
Foto de tapa: Dennis Gray
Edición y Producción: Wendy Jung
Diseño de tapa: Diane Lozito
Traducción: Ana I. Ilvento

Este libro ha sido traducido del inglés y reproducido con permiso de Dell/Bantam Book Publishers, Nueva York.

Printed in the United States of America
97 96 95 94 93 92 91 90   5 4 3 2 1

Gil, Eliana.
    [Outgrowing the pain.   Spanish]
    Superando el dolor : un libro para y acerca de adultos abusados en la niñez / Eliana M. Gil ; ilustraciones, Sally Haskel ; traducción, Ana I. Ilvento.
        p. cm.
    Translation of : Outgrowing the pain.
    1. Adult child abuse victims—Rehabilitation. I. Title.
  RC569.5.C55G5518   1990   90-5951
  616.85'822—dc20   CIP

A Carolita

con admiración y cariño

Indice

Introducción

Como terapeuta, he visto a muchos clientes que han solicitado ayuda para distintos problemas, tales como búsqueda de trabajo o estabilidad laboral, problemas con una pareja alcohólica o abusiva, depresión, insatisfacción general con la vida, o la sensación de estar *"vagando"* sin dirección o metas claras. Cuando estudié sus historias, a menudo había habido abuso físico, sexual, emocional, y/o negligencia. Empecé a reconocer patrones y dificultades similares en víctimas de abuso en el pasado o en el presente.

Comencé organizando grupos para adultos maltratados en la niñez, y los problemas que surgieron y que más adelante fueron discutidos, corroboraron algunas de mis impresiones iniciales. Es a las personas que participaron en esos grupos a quienes dedico este libro. Me ayudaron a adentrarme y comprender sus actuales problemas y conflictos, permitiéndome conocer sus pensamientos, sentimientos, puntos de vista y sus pasados. Me conmovieron con sus especiales instintos de supervivencia y su fortaleza. Estas personas poseen un coraje especial que les permite y a la vez les ayuda, a iniciar una etapa muy larga hacia la aceptación de sí mismas.

La información contenida en este libro es el resultado de mis interacciones con Terry, Joanne, Beverly, Susan, Laura,

1

Maureen, Howard, Bill, Gladys, Lois, Carolita, Leah, Nancy, Noreen y Chris. A ellos agradezco la revisión de los borradores de este libro y sus inteligentes sugerencias.

Otras personas colaboraronen este proyecto: Diane Lozito preparó la portada, y en general estimuló mi interés por este proyecto, ofreciendome a lo largo del camino, su talento artístico y publicitario. Wendy Jung, propietaria de Letterperfect, editó mi trabajo y estuvo a cargo de la producción incluyendo la tipografía, la producción gráfica y el diseño. Ella aportó lo mejor de sí misma en este libro.

Christine Lines co-facilitó alguno de los grupos, contribuyendo constantemente con su estilo propio y único. La Dra. Karen Saeger, Co-Directora del Redwood Center, en donde trabajo, me apoya y alienta. Y lo más importante es que ella cree que tengo algo que decir y ofrecer. La Dra. Saeger revisó el manuscrito e hizo excelentes comentarios y sugerencias. A ella le confío mi vida personal y los borradores. Mi agradecimiento a Kathy Baxter-Stern, Directora Ejecutiva del San Francisco Child Abuse Council, donde también trabajo. Con o sin palabras, ella me apoya en mis intentos y ayuda a crear el ambiente de trabajo en donde mi creatividad e intereses pueden desarrollarse. Soy muy afortunada al estar rodeada de amigos, que en ambos ambientes de trabajo, me inspiran y alientan. Mi reconocimiento para el Dr. Robert Green, Mary Herget, y otros miembros del personal del Redwood Center. Gracias a Eliane Savage, Laura Grandin y Norma Sullivan, por su tiempo y capacidad para el desarrollo de este manuscrito. Una íntima expresión de gratitud para John, mi esposo, quien como yo, ha estado entusiasmado y a la vez cansado durante todo este proceso, y quien me ha dado una mano justo en el momento oportuno. Tengo que agradecer a mis hijos Teresa, Eric y Christy porque les gusta la clase de mamá que soy, y casi

2

siempre son comprensivos cuando me escondo para trabajar.

Gracias a Don Wilson por su ayuda con la preparación de este libro.

–Capítulo uno–

ESTE LIBRO, ¿ES PARA MI?

4

¿Piensas que estás loco?

¿Piensas que eres malo?

¿Tienes dificultad para encontrar amigos, novia, conocidos?

¿Una vez que los encuentras, se descargan contigo, se aprovechan de tí o te dejan?

¿Tienes una relación que sabes no es buena para tí? ¿Eres golpeado? ¿Tu pareja bebe demasiado?

¿Las cosas están bien, pero nunca por largo tiempo?

¿Estás siempre haciendo cosas para otros, pero encuentras que nadie devuelve el favor?

¿Eres desconfiado y tienes miedo a los demás?

¿Eres suspicaz? ¿resentido? ¿estás enojado con los demás? ¿"explotas" a menudo? ¿Encuentras que los otros están siempre descargando su enojo en tí?

¿No te interesa cuántas cosas buenas te digan los demás, siempre terminas pensando que te están mintiendo?

¿Te gustaría más quedarte en casa, sin nadie, solo, que enfrentarte con gente que no conoces, a quiénes podrías no agradar?

¿Todavía estás tratando de resolver qué quieres hacer cuando madures? ¿Sientes que nunca madurarás?

¿Tienes una terrible relación con tus padres, y te sientes siempre mal cerca de ellos, o constantemente haces esfuerzos por complacerlos, sintiendo como si nunca lo lograses?

¿Dejas ir demasiado lejos a la gente, haciendo o diciendo algo que te angustia antes de detenerlos, y más tarde descubres que los resientes?

¿Piensas que no eres bueno para nada?

¿Estás bebiendo demasiado, comiendo demasiado o tratando de calmar tu dolor con alguna clase de droga?

¿Descubres que abusas de tus chicos, o temes tener chicos por miedo a pegarles?

De vez en cuando, todos tenemos esta clase de sentimientos. Pero los adultos maltratados en la niñez, pueden tener *muchos* de estos patrones, en grados extremos.

Algunas personas piensan que no fueron maltratadas en la niñez porque nunca fueron hospitalizadas, porque sólo sucedió una vez o porque sus padres no lo hacían intencionalmente, o a lo mejor, no sabían; o porque a otra gente le fue mucho peor. Cualquier clase de abuso: verbal, físico, sexual, emocional o negligencia, afecta a los niños. Las secuelas pueden aparecer en la vida, inmediata o tardíamente.

Como es difícil admitir el abuso en el propio pasado, muchos de ustedes pueden no haber hecho nunca la conexión entre lo que les pasó cuando eran niños y algunos de sus actuales problemas. Esta es una conexión importante de hacer, y frecuentemente, les facilitará "destrabarse" y realizar algunas de las cosas que quieren.

El propósito de este libro

Este libro no resolverá tus problemas completamente. Pero te *ayudará* a analizar las preguntas, "*¿Fui maltratado en mi niñez?*" "*¿El abuso ha afectado mi vida negativamente?*" "*¿Estoy desahuciado?*" Este es un libro optimista. Enfatiza la importancia tanto del pasado como del presente y del futuro. Te ayudará a discriminar qué fue, qué es y qué puede ser.

Este libro describe algunos de los modos en que puedes haber sido afectado por cualquier forma de abuso infantil o descuido. También te ayudará a reconocer los cambios que pueden lograrse, rompiendo modelos y hábitos que resultaron como impacto del abuso.

Los niños maltratados aprenden a través de sus experiencias a esperar poco de sí mismos y de los otros. Generalmente, no se les ha enseñado a confiar y terminan viéndose a sí mismos como malos, locos o indignos de amor o atención. Así como los niños maltratados aprenden a verse de ese modo, también, pueden aprender a adoptar modos más positivos de verse a sí mismos y a los demás.

¿Para quién es este libro?

Este libro es para cualquier adulto que fue maltratado en la niñez, o fue testigo de abuso en su familia y está tratando de encontrarle sentido a su experiencia. También, es para profesionales que ayudan a otros (trabajadores en salud mental, consejeros en alcoholismo, maestros, etc.) Como el abuso infantil es reconocido como un tema muy importante, cada vez más adultos maltratados en la niñez necesitan de alguien que los escuche y los ayude a analizar sus experiencias y sus profundas consecuencias.

"Cada vez más adultos maltratados en la niñez están buscando a alguien que los escuche..."

Este libro tiene más preguntas que respuestas. Pido al lector que examine lentamente los efectos del abuso en el pasado. Solicita ayuda de amigos, familiares o consejeros para entender el abuso en su profundidad, ubicarlo a distancia y encaminarte hacia un modo mejor de relacionarte con el mundo.

-Capítulo dos-

ACEPTANDO EL ABUSO EN LA NIÑEZ

Negación

Al comenzar a leer este libro, has dado un paso hacia analizar la posibilidad de haber sido maltratado o testigo de abuso en la niñez. Muchos adultos maltratados en la niñez pasan por un periodo inicial en que no pueden decidir si entran o no en la categoría de *"maltratados"*.

"Los niños que han sido maltratados comienzan a levantar paredes... y pueden parecer intrépidos."

La razón de ello es que, generalmente, los adultos tienen un mecanismo de defensa llamado *"negación"* que los protege de lo que es demasiado doloroso. La negación ayuda a ocultar los recuerdos no placenteros, penosos. Los niños que son maltratados construyen una pared que los protege y los ayuda a mantenerse a salvo del dolor que esperan o experimentan. Al llegar a adultos, las paredes que los protegen son ya muy fuertes y altas.

Pero no todos tienen una pared. Algunos niños usan otras defensas y pueden parecer intrépidos, como si nada los molestara o afectase. Si tú fuiste esa clase de niño, te puede resultar más difícil reconocer el daño. Espero que de todos modos, hojées este libro.

"Comienza bajando tu pared, un ladrillo a la vez..."

Si tú fuiste uno de los niños que levantaron paredes, al leer este libro puedes encontrar agujeros en tu pared. Incluso, te puede resultar útil el esfuerzo de comenzar a derrumbar tu pared, un ladrillo a la vez. Es importante bajar tu pared lentamente. Si te sientes desprotegido o inseguro, podrías asustarte. Todos estos años la pared te ha mantenido a salvo de algunas duras verdades.

Es difícil reconocer haber sido maltratado en la niñez, porque al hacerlo, admites, que tus padres estaban equivocados o que no eran perfectos. *"Honrarás a tu padre y a tu madre"* es una lección profunda y al mirar a tus padres como abusivos, puedes sentir que los traicionas.

Como niños y adultos, la mayoría de nosotros queremos creer lo mejor de nuestros padres. Ellos son muy importantes para nosotros. Si tenemos que elegir entre si somos *nosotros* los malos o si son *ellos*, es probable que nos elijamos a nosotros mismos. Podríamos pensar que algo que están haciendo está mal, pero inventaremos toda clase de excusas para justificar su comportamiento.

La mayor parte de los niños maltratados cree que el abuso ocurrió por causa de ellos: *Hice* algo mal, *merecí* lo que me pasó, *necesité* que me corrigieran.

Es importante darse cuenta de que tantos los padres como los niños tienen aspectos positivos y negativos. Si tus padres enfatizaron solo lo negativo, no te ayudaron a identificar las cualidades necesarias para desarrollar una autoestima positiva. Puede haber sido que no supieron como criar a un niño, o estuviesen enojados y frustados con otra gente. Cualquiera que haya sido la razón, si tu fuiste descuidado o maltratado física, sexual o emocionalmente, **fue un problema de tus padres, no tuyo.**

13

Definiciones de Abuso Infantil

El primer informe legal sobre abuso infantil fue escrito en 1964. Antes de esa fecha, ciertas conductas no eran calificadas como *"abusivas"* y no eran contrarias a la ley. Las definiciones de abuso infantil se han desarrollado a través de los años. Por ejemplo, en los últimos seis años, abuso sexual, explotación sexual y pornografia infantil han sido reconocidos como problemas serios y prevalecientes. *"Abuso infantil"* es un término que mucha gente usa en estos días. Alguno de ustedes puede preguntarse: "Si *yo* fui maltratado, ¿por qué nadie hizo nada al respecto, cuando era un niño?"

Probablemente, cuando tú estabas creciendo, el abuso infantil no era discutido abiertamente. No es que no sucediera entonces, sino que las definiciones, aún no habían sido desarrolladas con claridad. La gente y gran parte de los profesionales no se enteraban del abuso, y cuando el problema era identificado, ninguno sabía con exactitud como tratarlo. La negativa no es una defensa utilizada sólo por niños maltratados. La sociedad en general ha pasado por una época difícil al aceptar que los niños son maltratados por sus padres y que necesitan protección. Tú no estás solo detrás de una pared; tus padres, maestros, doctores, etc. pueden haber tenido el mismo deseo de ocultar y evitar la verdad.

Inclusive, a muchos niños maltratados se les dijo que no contaran lo que sucedía. Tú puedes haber percibido que el abuso era algo de lo que no se hablaba, o quizás no sabías que era poco común.

Puedes haberte sentido desleal hacia tu familia o temeroso de poner a tus padres o a ti mismo en problemas, si

14

contabas a alguien lo que estaba pasando. Incluso si hablaste, la gente pudo haber sentido que no debía entrometerse, o tal vez no supieron qué hacer. Y como nadie detuvo lo que estaba sucediendo, puedes haber estado aún más convencido de que nada raro o inaceptable estaba pasando.

"A veces, se les dice a los niños que no cuenten a nadie. Otras veces, aunque la amenaza no es verbalizada, está implícita."

Estos son los tipos de abuso infantil que, actualmente, deben ser denunciados a las autoridades por la mayoría de los profesionales:

Abuso físico es cuando eres golpeado, empujado, azotado, mordido, golpeado con los puños, abofeteado o quemado, lo cual provoca lesiones que quedan en tu cuerpo. Algunas de estas lesiones, tales como rasguños, quemaduras, contusiones y marcas en la piel, son visibles. Otras son internas, como huesos rotos, fracturas o hemorragias.

Abuso sexual es cuando alguna persona, adulto o niño, obliga, engaña o fuerza a un niño a tener cualquier clase de contacto sexual con él. Mostrar a los niños fotos o películas pornográficas o contarles historias explícitamente sexuales, puede ser una forma de abuso sexual. Tocar a los niños de un modo inapropiado puede ser abuso sexual. Algunos niños son obligados o incitados a tener relaciones sexuales con padres, tíos, abuelos o amigos de la familia. Otros niños tienen contacto sexual con extraños.

Negligencia (desatención, descuido, abandono) es cuando un padre no alimenta a un niño o no le provee de las necesidades básicas, como vestimenta, vivienda o atención médica, si fuese necesario. Dejar a un niño solo, cuando aún no está preparado para cuidar de sí mismo, es negligente, desde el momento en que se deja a un niño en una situación potencialmente peligrosa.

Carencia emocional (descuido emocional) es cuando los padres no tienen interés en su niño, no hablan o abrazan al chiquito, y por lo general, no están emocionalmente disponibles para él. Los padres alcohólicos, a menudo, son descuidados con las necesidades de sus niños. A pesar de que la carencia emocional o abuso puede no dejar huellas físicas, tiene serias consecuencias para el niño.

Castigo cruel o poco usual es otra forma de abuso. Estos castigos son extremos e inapropiados para la edad del niño y su capacidad de comprensión. Encerrar a un niño en un armario, obligar a un niño a usar el servicio higiénico a los cuatro meses, hacer que un niño esté en cuclillas por horas, son ejemplos de castigo extremo.

Castigo corporal que provoca lesiones es también abuso. El castigo corporal es disciplina física e incluye excesivas palizas, puntapiés o azotes que provocan lesiones. Dar palizas puede llegar a ser abuso infantil cuando es hecho de un modo descontrolado, con suficiente fuerza como para dejar lesiones. Usar instrumentos para golpear, pegar con un puño cerrado, golpear a niños muy pequeños, y golpear en áreas vulnerables (cara, cabeza, estómago, espalda, genitales) puede incrementar la posibilidad de que el castigo corporal llegue a ser abuso infantil.

Sufrimiento mental ocurre cuando un niño es maltratado psicológicamente. Si un padre llama a su hijo con nombres burlones, lo desacredita constantemente, bloquea cada esfuerzo de parte del niño para aceptarse a sí mismo, puede causar al niño sufrimiento mental. Una amenaza de abandono puede también poner al niño ansioso y asustado, y es otra forma de sufrimiento mental.

Todas las formas de abuso son serias y afectan al niño. Los niños pueden reaccionar de manera diferente, en distintos momentos. Por ejemplo, un niño de tres años que es maltratado sexualmente puede parecer sano, sin embargo, manifiesta confusión o dificultades a los 13 años, cuando llega a la pubertad.

17

Minimizando

"No fue para tanto"

Si comienzas a pensar que fuiste maltratado en la niñez, puedes tener tendencia a minimizar lo que te pasó. *"Sólo me golpeaban cada dos semanas"* o *"Sólo una vez tuve que ser hospitalizado."* Los adultos maltratados en la niñez pueden compararse a sí mismos con otros... *"Solamente me pegaban, no podría haber soportado una relación incestuosa"*, o *"él sólo acarició mis pechos y me amenazó o asustó."* **Para ti, es fundamental comprender que todos los tipos de abuso son importantes desde el punto de vista individual. El aspecto crucial del abuso no es lo que te pasó, sino qué impacto tuvo en ti, qué explicación te diste y diste a los demás y cómo afectó tu vida.**

Cuando recuerdas tu pasado, lo miras con ojos adultos. Es difícil recordar que tus reacciones fueron las de un niño. Ahora es fácil mirar atrás y decir, "No fue para tanto." Pero de niño, tienes que haber sufrido horas, días, semanas y meses de temor o dolor, con el deseo nunca satisfecho de agradar, de sentirte seguro y ser querido.

"Cuando mires tu pasado, recuerda que lo estás mirando con ojos adultos..."

Racionalizando

"Tenían demasiados chicos, no había ninguna ayuda"

Despues de minimizar, también puedes comenzar a encontrar excusas para tus padres o explicar las razones por las que el abuso ocurrió. Aunque algunas de estas razones pueden ser relevantes, es importante no dejar que estos pensamientos interfieran en la crucial tarea de aceptar que el abuso *sí* ocurrió, y que, en verdad, te hizo daño.

Probablemente sea verdad que tus padres hicieron lo mejor que pudieron, que posiblemente estaban muy presionados, y que mientras tú crecias, disponían de poca ayuda. También, puede ser verdad que fueron maltratados, y simplemente repitieron lo que aprendieron de niños.

En algunos casos, los padres abusivos pueden haber tenido problemas emocionales, o un problema de alcoholismo tan serio que no eran responsables de sus acciones. Tal vez fueron descuidados o abusivos sólo cuando estaban ebrios.

Es importante no usar estas razones como excusas que coloquen a tus padres fuera del problema y te hagan sentir responsable. No hay excusas para abusar de un niño. Las razones pueden ser importantes, pero nunca justifican el abuso.

"También, puede ser que ellos hayan sido maltratados y hayan estado repitiendo lo que aprendieron de niños."

Memoria Selectiva

"Sé que sucedió, sólo que es difícil recordar"

Avanza con lentitud, a medida que trates de recordar el abuso. Para muchos, éste será un proceso doloroso. Puedes haber echado tan lejos tus recuerdos, que pienses que se han ido. Pero de vez en cuando, puedes ser molestado por el recuerdo de un momento particular en el tiempo. Es como mirar una película en la cual, de repente, aparecen escenas de tu vida. Puede ser la mirada en los ojos de tu madre cuando por primera vez te pegó con una correa o los ojos de tu padre cuando puso tu mano en su pene. Estos pantallazos son tus recuerdos tratando de hacerse camino en tu realidad. A menos que mires estas escenas, les encuentres algún sentido, las comprendas o aceptes, los recuerdos pueden vivirse aterrorizadamente, fuera de control, apareciendo en los momentos más raros.

Una cosa útil de hacer (preferentemente con la ayuda de un terapeuta) es, lentamente, permitir que los recuerdos aparezcan y se expresen.

Cuando los recuerdos comiencen a ser más claros en tu mente, y a medida que recuerdes más y más, puedes empezar a ver lo que en realidad sucedió, y puedes clarificar tus sentimientos acerca de la experiencia y ver en qué medida aquellos recuerdos y acontecimientos te afectan actualmente. Algunas personas no quieren recordar porque piensan que fueron culpables que causaron el abuso. Algunas víctimas creen que podían y deberían haber impedido lo que les pasó y son consumidos por la culpa. El propósito al desandar este camino no es permanecer en el dolor o atribuir tus actuales dificultades a estos acontecimientos, sino enfrentarte, con vagos recuerdos y sentimientos, de un modo constructivo, de manera que ya no te dominen. Puedes encontrar que deseas escapar de estos pensamientos negativos o dolorosos. Puedes dirigirte hacia otros recuerdos de tu vida que te brinden más placer. Esta es una respuesta normal. Ambas clases de recuerdos son útiles para ti.

"Algo útil de hacer (preferentemente con un terapeuta) es, lentamente, empezar a permitir que los recuerdos..."

Capitulo tres

ESTA BIEN, LO ACEPTO, ¿Y AHORA QUE?

Enojo

El enojo es muy común al aceptar el hecho de que fuiste un niño maltratado. Puedes sentir que has sido violado, traicionado, explotado y tratado injustamente. Puedes descubrir que, a menudo, te preguntas, *"¿Por qué a mí?"* Toda la comprension que, previamente, sentias hacia tus padres, puede desaparecer y te ves emitiendo juicios sobre ellos. Puedes querer lastimarlos como forma de pago. Sentirte enojado es natural; tienes derecho a sentirte enojado. Expresar este enojo es la lección más importante para aprender. ¿Cómo te deshaces de todos esos venenosos y furiosos sentimientos, sin lastimarte o sin lastimar a los demás?

Si no sabes cómo, no estás solo. Hay mucha gente a la cual nunca se le enseñó qué hacer con su enojo. Para la mayor parte de la gente, el enojo es visto como una emoción *"mala"*. Las rabietas en los niños generalmente son controladas, y cuando alguien se enoja y grita, piensan que es excesivamente emocional e inmaduro.

Si fuiste maltratado de pequeño, probablemente tenías ejemplos violentos y destructivos de cómo estar enojado. Tú, más que otros (que no estuvieron expuestos al abuso), tienes que aprender un modo constructivo de expresar el enojo, de manera que no acabes explotando, golpeando o enfermándote al volcar el enojo hacia adentro.

La otra cara del enojo es la impotencia al no saber cómo ayudarte a ti mismo. Este sentimiento de impotencia o desvalimiento puede transformarse rápidamente en enojo o rabia.

"El otro lado de la impotencia o desvalimiento es el enojo"

Pregúntate, *"¿Frente a qué me siento impotente o desvalido?"* en lugar de *"¿Por qué estoy tan enojado?"* Si no puedes hallar una respuesta rápida, continúa preguntándote. Entonces, trata de controlar la situación. Para hacer esto, generalmente se requiere algún tipo de acción. Una vez que recobraste el control, tu sensación de impotencia decrece o desaparece completamente.

**El enojo puede ser un problema si descubres que, final-
mente, eres tú quién lo recibe. Como presenciaste enojo
violento, esperas que todos las discusiones o enojos aca-
ben en violencia. Simplemente, no siempre es así.** Muchos
de ustedes crecieron sin un término medio para expresar
el enojo o no era expresado, o estallaba en violencia. La
manera más segura de expresar el enojo es buscando un
término medio. (Ver Capítulo VI)

*"Es importante recordar que a menudo los
amigos buscan la oportunidad de ayudarte..."*

Muchos adultos maltratados en la niñez sienten que no
pueden confiarse a otros cuando se sienten tristes. También, temen *"agobiar"* a los demás, ser rechazados, o pueden
haber aprendido que mostrar sus sentimientos los coloca
en más problemas. Es importante recordar que, a menudo,
los amigos buscan la oportunidad de ayudarte, y a pesar de
que al principio te asuste, puedes encontrar que estás
recibiendo lo que necesitas de los demás. **¡Y que lo disfru-
tas!**

26

Miedo

Cuando analices los recuerdos del abuso, puedes encontrarte, de repente, inseguro y temeroso otra vez. Cierto monto de este sentimiento es normal cuando entras en contacto con recuerdos dolorosos, pero si ésto persiste o te impide hacer una vida normal, consulta a un profesional.

Vergüenza

Vergüenza es otra típica respuesta al recordar el abuso y al aceptarte como un niño maltratado. Al contarle a los demás, puedes sentirte incómodo pensando que eres, en cierto modo, defectuoso o que vienes de una familia perturbada. Al aceptar que no fuiste responsable del abuso y que tus padres tenían un problema que mucha gente tiene, te sentirás menos incómodo.

Alivio

¡Finalmente, puedes hablar sobre esto! Muchos adultos maltratados en la niñez se han sentido solos en su sufrimiento, por años. Aprendieron a guardar sus pensamientos y recuerdos para sí mismos. Aceptar la verdad, así como hablar de ello con otros, puede brindar un profundo sentido de alivio. **Es como si la energía que previamente se gastaba en mantener un secreto, de repente, fuese liberada para colocarla en otra parte, y lograr cambios positivos.**

-Capitulo cuatro-

CONSECUENCIAS DEL ABUSO

DIFICULTADES CON LA CONFIANZA
"Si no hablo, no se enojarán"

La confianza es muy importante, especialmente para adultos maltratados en la niñez. Ellos tienen dificultad para confiar en sus propias acciones, pensamientos, sentimientos y percepciones. La confianza es básica para todas las relaciones humanas y su ausencia hace difícil o imposible el hallar y conservar amigos y parejas.

Cuando uno no puede confiar, comienza un circulo vicioso. Probablemente, cuánto menos confíes, menos fácil te será tener amigos o relaciones íntimas. Cuánto más aislado te vuelves, menos *puedes* confiar en los otros. Cuando los demás no te buscan, o te parece no poder hacer de amigos, puedes pensar que hay algo malo contigo. Te sientes más vulnerable y en lugar de confiar lo suficiente como para abrirte, necesitas resguardarte más. (¿Recuerdas la pared?)

Es fácil comprender por qué la confianza se convierte en un tema muy importante para adultos que fueron maltratados de pequeños, al recordar que la confianza se aprende en la niñez. Cuando niños, fuimos totalmente dependientes de nuestros padres. Confiamos en que nos alimentarían, cambiarían nuestros pañales, nos mantendrían seguros y abrigados. Cuando esta confianza no existe o se perdió, es difícil recuperarla.

"Si cuando llorabas, a veces te alimentaban, o a veces te golpeaban..."

Si cuando llorabas, a veces eras alimentado, o a veces eras golpeado, no pudistes desarrollar confianza o aprender a esperar coherentes respuestas comprensivas. Aprendes, también, a parar de llorar o corres el riesgo para ver qué sucede. Para estar seguros, la mayoría de los adultos maltratados en la niñez dejaron de aventurarse y esperaron poco de los otros. Para cambiar, tienes que empezar a correr riesgos, lenta pero decididamente, dándote la oportunidad de tener confianza en gente digna de ella.

DIFICULTADES CON LA AUTOPROTECCIÓN
"Puedo cuidar de mí mismo nada me lastima"

"Si alguien que tú conoces, constantemente aparece delante de ti y te da un puñetazo en la cara..."

Si alguien que tú conoces, constantemente aparece delante de ti y te da un puñetazo en la cara, subes los brazos para atajar el golpe. Has aprendido a responder de un modo defensivo.

Un modo de protegerte es no necesitando ni queriendo nada. Si no esperas nada, no te vas a desilusionar. Y si no quieres ni necesitas nada, puedes evitar reacciones abusivas ante tus necesidades.

Puedes haberte protegido siendo extremadamente bueno y cooperativo, no ensuciándote nunca, no hablando a menos que te hablen o *"siendo visto y no oído"*. Si fuiste maltratado física o sexualmente, puedes haber aprendido a *"desconectarte"* del dolor o las sensaciones corporales. Cuando eras golpeado o maltratado sexualmente, puedes haber entrado *"en trance"* para protegerte del dolor. Estos fueron mecanismos de supervivencia que te ayudaron a resguardarte. Puede ser que ya no necesites usar más estos mecanismos.

DIFICULTADES CON LA AUTOESTIMA
"¿Tengo algo que ofrecer?"

La autoestima es el sentimiento de quién eres. ¿Tienes algo que decir? ¿Tienes algo que ofrecer? ¿Eres tú una persona digna de estima? A menudo, los adultos maltratados en la niñez, se ven a sí mismos como inútiles, locos o mala gente que no tiene nada valioso que decir o contribuir.

Soy malo

La mayoría de los niños maltratados crecen pensando que son malos. Existe una explicación simple para esto. En el mundo del niño, ser lastimado significa que él es malo. Los niños necesitan aislar e identificar esta maldad en sí mismos y en los otros para explicarla y comprenderla. Los niños, frecuentemente creerán que la maldad está dentro de sí mismos antes que pensar que está en sus padres a quienes necesitan y aman.

Si los niños maltratados creyeran malos a sus padres,

estarían poniendo en peligro su relación más importante. Dado que se ven a sí mismos como extensiones de sus padres, aceptar a sus padres como malos, inevitablemente significa aceptarse a sí mismos como malos.

Algunos padres que abusan de sus hijos, continuamente les dicen que son malos, que no son buenos, y que son inútiles. Si muchas veces te dijeron que eras malo y que nunca llegarías a nada, eventualmente podrías creerlo.

Podrías empezar a actuar de manera que corrobore esta manera de pensar.

Los niños maltratados tienden a hacer rígidas divisiones o disociaciones en su manera de pensar o ver a la gente y los problemas. Las cosas son completamente buenas o completamente malas. Cuando ellos se ven como totalmente malos, se convencen de que sus padres son totalmente buenos. Defienden a sus padres y se niegan a reconocer cualquier cosa que ellos hagan mal. A medida que los niños maltratados crecen, pueden verse a sí mismos como malos y a todos los otros como buenos, o al menos, mejores. Por otro lado, algunos niños maltratados pueden verse como buenos y pueden ver a los otros como malos. Pueden volverse temerosos y evitar a los demás por temor a ser lastimados. De esta forma extrema, estas personas sólo pueden esperar de los demás dolor y sufrimiento, y ven a cualquiera como un atacante en potencia.

Algunos niños maltratados llegan a tener otra manera de protegerse. Se vuelven *"duros"*, agresivos y hostiles en sus relaciones con otros. Otros niños buscan *"identificarse con la pandilla"* para sentirse poderosos y tener confianza, como miembros de un grupo. También, otros niños llegan a aumentar de peso o se cubren con exceso de ropa. Creen que si evitan a los demás (si se ocultan), nadie los molestará o los tomará a la broma. Desafortunadamente, este comportamiento *"diferente"*, incita a los otros chicos a burlarse de ellos, y ésto, aún más, refuerza la siguiente creencia: *"Hay algo malo conmigo"*.

"Sin embargo, si usas alguno de estos mismos mecanismos defensivos..."

Finalmente, otra manera común con que la gente se protege, es no hablando o no mirando a los ojos. El pelo o los anteojos oscuros que ocultan la cara, y el silencio, pueden ser igualmente efectivos. Puedes entrenar a la gente a no esperar nada de ti, si cada vez que te hablan, tú responden "*sí*" o "*no*" y luego, miras el piso. Protegerte cuando eras un niño, fue apropiado. Te ayudó a sobrevivir. Pero esta misma conducta, de adulto, te *separa* de los otros, te hace sentir mal, y te impide obtener lo que tú quieres. Las técnicas que aprendiste de niño, pueden perder su utilidad y debes aprender nuevas tecnicas. También es preciso aprender que no necesitas protegerte de todos. *Detectar el peligro real, más que reaccionar de manera refleja ante un peligro presente o potencial es un mecanismo que debes aprender y desarrollar.*

Soy indigno/No estimable

Los adultos maltratados en la niñez pueden sentirse indignos y no estimables. Pueden pensar, "*Si mis propios padres pensaron que no era bueno, ¿Cómo puede cualquier otra persona pensar de manera diferente?*" Como frecuentemente no esperan mucho de los otros, piden poco o nada. A menudo, no pueden identificar sus necesidades o están imposibilitados para expresarlas claramente.

Los aspectos "*malos*" de ti mismo pueden haber sido enfatizados durante tanto tiempo que, lentamente, te has convencido de que esos aspectos son *todo* lo que tú eres. Si te encuentras con alguien que te gusta, automáticamente asumes que a esa persona no le gustarás, o que, por cierto, le gustaría alguien mejor. "*No es posible que estén interesados en mi... No tengo nada que ofrecer.*"

A pesar de que hasta ahora puedes haber sentido de este modo, puedes cambiar tu opinión sobre ti mismo. Y una vez que cambies de parecer acerca de ti, los otros hacen lo mismo. El primer paso es enfatizar los aspectos positivos de ti mismo. Pregúntate, *"¿Qué cualidades o capacidades tengo que son admirables y que valen la pena?" "¿Qué me gusta de mí mismo?"* Al principio, puedes no poder hallar una sola cosa positiva acerca de ti, pero con práctica, estarás sorprendido de cuántos aspectos positivos puedes hallar cuando te atrevas a mirar.

DIFICULTADES CON LOS LOGROS

Hasta ahora puedes ver cuántas reacciones diferentes tienes al haber sido maltratado. Otra área de dificultad es lograr éxitos y estar satisfecho al haber alcanzado tus objetivos. Algunos adultos maltratados en la niñez se sienten presionados a triunfar sobre los demás. Creen que deben intentar más firmemente y trabajar más duro porque no son tan buenos. Pueden sentirse forzados y obsesionados.

Aún cuando hayan triunfado, los adultos maltratados en la niñez pueden sentir que, todavía, no han hecho lo suficiente o que alguien podría haberlo hecho mejor.

Otros adultos maltratados en la niñez hacen lo opuesto: creen que no pueden lograr nada, por lo tanto no lo intentan. Se abstienen de arriesgarse porque es más seguro. Dado que el éxito, a menudo, lo vuelve a uno más importante y visible a los demás, y ya que la visibilidad es asociada con ser lastimado, éxito significa peligro.

DIFICULTADES PARA INTEGRARSE

Los niños que crecieron siendo criticados, reprimidos, golpeados, explotados, ignorados y maltratados encuentran que es difícil confiar, y esperan poco de los otros, excepto dolor. Se protegen manteniéndose aislados y frecuentemente pueden sentir que mientras no tengan que relacionarse con alguien, se podrán arreglar. La soledad puede convertirse en un modo de vida para estos niños. Un niño maltratado, a menudo juega solo, se hace amigos sólo con un animalito o se crea una vida rica en fantasías.

"Estos adultos pueden abrumar a otra gente..."

Si fuiste maltratado en la niñez, puedes hallarte como un extraño en muchas situaciones sociales. Puedes no saber cómo acercarte a la gente. Puedes sentirte presionado a decir lo *apropiado*. Puedes estar muy nervioso por temor a decir lo incorrecto. Al ser tan cuidadoso de lo que dices, puedes dar la impresión a los demás de que no tienes nada que decir o que no tienes interés en ellos. Los demás pueden pensar que **ellos** están haciéndote sentir incómodo, y te evitarán. Te dejan sintiendo que tus peores temores se han hecho realidad... *"No le agrado a nadie."* Puedes descubrir que tienes pocos amigos o ninguno y aquellos que tienes pueden serlo sólo de tu lado. Haces cosas por ellos y poco es retribuido.

Pero éste no es el único modo en que los niños maltratados se relacionan con los otros. Existe otra reacción muy diferente. Una persona puede ligarse a otra que no es muy amiga o que no está tan interesada, y decepcióna cuando la amistad no es retribuida. Este adulto, desesperadamente quiere ser aceptado, y puede "pegarse" a los otros, lo cual acaba por hacer que los otros sientan que nunca pueden dar lo suficiente. Tal comportamiento puede abrumar a otra gente con necesidades que son imposibles de satisfacer. Por ejemplo, llamar por teléfono a los demás, tres y cuatro veces por día, yendo de visita a sus casas o trabajos y, en general, hacer de los otros, el centro de tu atención. Puedes sentir que *"no puedes soportar"* estar lejos de la persona querida y que si los buscas excesivamente, provocas su rechazo. Hay un término medio en el cual ni te reprimes ni te excedes demasiado. Este es el camino que hay que explorar.

DIFICULTADES EN LAS RELACIONES ÍNTIMAS

Los adultos maltratados en la niñez, no han tenido experiencia en amar y en ser amados de un modo seguro, por las primeras y más importantes personas, sus padres. Generalmente, han recibido afecto o cuidados contradictorios. Pueden haber crecido creyendo que el abuso es un signo de amor. *"Si alguien me quiere, me pega"* o *"te lo demuestra haciéndome el amor."* Este golpe o este maltrato sexual pueden ser vistos como una alternativa frente al no contacto. Muchos niños han dicho que, al menos cuando fueron maltratados, supieron que eran "reales" y que tenían algún valor para sus padres. Los niños maltratados sexualmente pueden sentir que ese abuso mantiene a la familia unida, y en ese sentido, al amar, aprendieron a sacrificarse y a sobrellevar el dolor.

A veces, los niños maltratados o descuidados no han sido nunca tocados, alzados, acariciados de manera apropiada. Y ahora, ante al contacto físico de posibles parejas o de amigos cariñosos, pueden vacilar, alejarse o ponerse tensos. No saben cómo responder a un contacto que no los lastimé o abuse.

Algunos niños aprendieron a "desconectar" sus reacciones emocionales de sus reacciones corporales. Los niños maltratados físicamente pueden haber aprendido a no llorar o quejarse porque les traía más problemas. Algunos niños maltratados sexualmente pueden describir los cielo rasos de sus cuartos en detalle porque mientras el abuso ocurría se concentraban en otra cosa, esperando que se acabara. El ser maltratado sexualmente tiene muchas implicaciones en las relaciones íntimas adultas que incluyen la expresión sexual. Generalmente, aparecerá el tema de la seguridad corporal y del posible rechazo. Los contactos sexuales pueden generar recuerdos y reacciones no placenteras que interfieren para confiar en los demás y desarrollar relaciones más íntimas.

"Si alguien me quiere, me golpea"

41

Los adultos maltratados sexual o físicamente en la niñez evitan relaciones íntimas por temor o incomodidad. Estos adultos, para hacer las cosas más complicadas, a veces inician relaciones con parejas que eventualmente los golpean, los maltratan y abusan emocionalmente de ellos. En otras palabras, repiten las experiencias de la infancia, y son victimizados nuevamente. El que lo ve de afuera puede concluir, *"A esta persona le gusta el castigo."*

"Los adultos maltratados sexual o físicamente en la niñez, pueden descubrir que evitan..."

Dos conceptos muy importantes nos ayudan a entender este patrón de repetición de un pasado doloroso. En primer lugar, si alguien puede elegir entre una situación o sentimiento familiar (cómodo) y una situación o sentimiento no familiar (incómodo), generalmente elegirá el primero. Es más seguro y despierta menos ansiedad porque es conocido.

En segundo lugar, a veces el adulto maltratado en la niñez elige inconscientemente la situación familiar de abuso, con el objeto de recrear la vieja escena y elaborarla. En primer lugar, existe el deseo de ver, si esta vez, puede detenerla o tratar de entender mejor por qué ocurrió el abuso original.

Como todos, los adultos maltratados en la niñez, han aprendido a lo largo de los años, a reaccionar de determinadas maneras. Estas respuestas son difíciles de cambiar, aún cuando sean comprendidas y no deseadas. El patrón de estar implicado en relaciones abusivas requiere mucho tiempo y perseverancia para llegar a quebrarse, pero puede ser quebrado dando pequeños pasos hacia metas claras.

Otro patrón que podría impedir hallar o conservar una pareja es cuando la víctima original (el niño maltratado) llega a ser el agresor (el adulto abusivo). Cuando los niños son golpeados o ven a sus padres golpearse, ignorarse o maltratarse, aprenden ambos roles agresor y víctima. El niño, más tarde, puede asumir una u otra posición. **Este comportamiento abusivo, a menudo, aparece en relaciones íntimas porque fue aprendido en ese entonces, y aún no se ha aprendido o practicado otro modo de resolver el conflicto (tales como negociación, termino medio, la resolución del problema).**

PATRONES DE RELACIÓN CON EL MUNDO

El que cuida o ayuda a otros/El salvador

Algunos adultos maltradados en la niñez desarrollan habilidades eficaces para cuidar a los demás. Se ven como capaces de amar incondicionalmente. Algunos abrazan servicios publicos, y llegan a ser excelentes empleados en guarderías, "babysitters", instituciones geriátricas, mozos, doctores, enfermeros, ayudantes sociales, terapeutas, etc. Dan a los otros lo que ellos mismos desean recibir. Sin embargo, a menudo, establecen una situación difícil brindando tanto que nadie podría retribuir. Se desgastan y a veces acaban resintiendo a aquellos a quienes cuidan. A menudo, tal conducta es alimentada por la siguiente fantasía inconsciente: *"Si brindo un servicio adecuado, tendré lo que nunca tuve y siempre quise."* Dar debe ser equilibrado con recibir.

El *que ayuda a otros* y *el salvador* siempre encuentran gente con problemas que necesita ayuda. Los salvadores pueden hacer cosas extremas, como permitir a la gente mudarse a sus casas sin pagar renta, y generalmente pueden perjudicarse mucho. Les pagan todo. Pero no permiten que se les devuelva nada. Los salvadores pueden fomentar la dependencia, al insistir que no quieren nada a cambio. A menudo, esto termina en resentimiento.

El que se oculta

El que se esconde es alguien que se esfuerza por no ser reconocido. Puede ocultarse físicamente, estando demasia-

Además, terminan agotados y a veces acaban resintiendo a aquellos a quíenes atienden."

do flaco, demasiado gordo, no demasiado definido o permaneciendo en casa. Esta persona puede *"enmascarar"* su cara con cabello, anteojos o mucho maquillaje y especialmente evitando aquellos contactos que pueden resultar explosivos (violentos).

Tómame, soy tuyo.

Límites son las líneas invisibles que la gente establece para controlar la cercanía y la distancia. Las reglas explícitas e implícitas son las que definen las expectativas y los límites de específicos tipos de relaciones. Por ejemplo, miembros de familia (hermanos, hermanas, padres y niños) no hacen el amor entre ellos. Los terapeutas no se relacionan socialmente o tienen aventuras amorosas con sus clientes.

En familias en donde hay abuso los límites, a menudo, son vagos y confusos. Un padre que está distante y/o no se lleva bien con su mujer, puede querer a su hija para que ocupe su lugar, en todos los planos. Esto viola el límite padre-hija; así, el padre pide a la hija que satisfaga necesidades que deberían ser manejadas por la madre u otros adultos. Si tú creciste en una casa con reglas no claras o contradictorias, no hubo oportunidad para aprender estos límites y sus reglas. La gente esperó mucho o demasiado poco de ti, y puedes no saber cómo regular los límites en relaciones actuales.

Si tienes dificultades tanto en poner límites como en mantenerlos en tus relaciones, estás dejando que los otros te exijan sin razón o estás esperando demasiado de los otros o estás dando demasiado. Mantener límites te ayudará a protegerte de ambas situaciones, ser usado y/o decepcionado por otros.

Soy fuerte, nada me lastima

Cuando los individuos asumen el rol del muchacho *"fuerte"*, sienten menos el dolor. Pueden beber demasiado o tomar drogas para *"protegerse"* de los sinsabores. Pueden estar ajenos a su rededor. Cuando la gente bebe o consume drogas, se insensibiliza y experimenta menos dolor, menos tristeza, miedo, excitación, motivación y afecto. Algunas personas usan la comida como *"protector"*. Al llenar su boca de comida, pueden apaciguar o posponer el dolor, pero tales conductas adictivas no solucionan problemas y frecuentemente causan los propios.

Almas Perdidas

Muchos adultos maltratados en la niñez carecen de dirección o de *"raíces"*. Están a la deriva, imposibilitados de conectarse con la gente, de conseguir trabajos o formar hogares permanentes. Habitualmente, están en el aire, y siempre parecen confusos respecto al próximo paso a dar. Esto les evita tener que fijarse metas.

"...Está tan cerca de la superficie que la bomba explotará a la menor provocación..."

49

Bombas de tiempo andante

Es comprensible que muchos adultos maltratados en la niñez lleven mucho enojo dentro de sí. Este enojo, a veces, es controlado, pero permanece tan cerca de la superficie que puede explotar a la menor provocación. Estos individuos, a menudo, son negativos y hostiles y propensos a provocar peleas. Parecen anticipar una eventual batalla y quieren tener el control, creando o anticipando el conflicto. Su lema es *"la mejor defensa es una buena ofensa."* Simplemente, pueden no haber aprendido a canalizar el enojo de manera apropiada. En cambio, el enojo los abruma. Estos adultos enojados, moralmente maltratados por los errores o injusticias de la vida, pueden unirse a muchas *"causas"* y se identifican con comportamientos retaliatorios como "vigilantismo" y demonstraciones no pacíficas.

Lo único que ayuda es morir

Algunos niños maltratados piensan en ser invisibles y en morir. Pueden pensar, *"No puedo más; no puedo detenerlo".* Se sienten impotentes, abrumados y temerosos de que el abuso vuelva a suceder. Su realidad es dolorosa. Pueden desear la muerte para sí mismos o para sus abusadores. Estos niños asustados pueden tener pensamientos suicidas como forma de escape. Creen que no merecen vivir. Este sentimiento de indignidad o vacío fácilmente puede caer en un deseo de muerte. Si estos pensamientos permanecen ocultos e irresueltos, los adultos maltratados en la niñez pueden tratar de activar estos deseos. Ven al suicidio como una manera de controlar sus vidas. Si tú te encuentras constantemente visitando cementerios, yendo a ver películas sombrías, leyendo acerca de la oscuridad y de la muerte, cortándote o lastimándote físicamente, o planeando modos de matarte o de matar a otros, **HABLA CON ALGUIEN**

50

**ACERCA DE ESTOS PENSAMIENTOS, SENTIMIEN-
TOS Y COMPORTAMIENTOS. BUSCA AYUDA PROFE-
SIONAL INMEDIATAMENTE. ¡HAY ALTERNATIVAS
FRENTE A LA MUERTE!**

Me duele la cabeza, abrázame

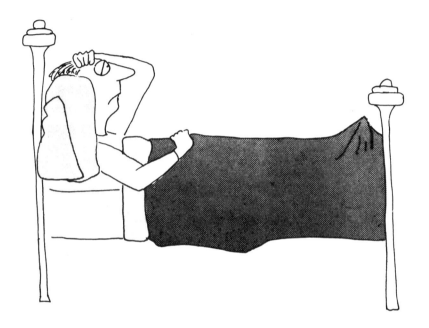

Algunos adultos maltratados en la niñez, que no pueden lidiar con sus recuerdos o que no pueden expresar ocultos secretos, deseos o temores, pueden sentirse abrumados. A veces esta represion interna los enferma físicamente. También, están propensos a tener accidentes. A través de la enfermedad y del dolor, sus cuerpos expresan lo que no pueden verbalizar. La enfermedad puede compensarse con un viaje al médico o atención especial de amigos y conocidos. ¿Por qué este comportamiento? Existen una serie de

51

explicaciones. Algunos niños maltratados mantienen breves y cariñosas reuniones con padres arrepentidos después de los golpes. Aprenden a esperar recompensas después del dolor. Otros pueden haber solicitado ayuda al conseguir un examen médico. Y también hay otros que piensan que sólo cuando están enfermos pueden obtener cuidado, y que es el único momento en que pueden hacer demandas emocionales.

Si duele, sé que estoy vivo

Algunos niños maltratados interpretan el dolor como una expresión familiar de amor paterno o de atención. De hecho, pueden tomar un cuchillo u objeto filoso y cortarse seriamente en ausencia de los padres. Pueden estar lastimándose, en un esfuerzo por estar simbólicamente cerca de sus padres abusivos, asociandose con ellos de un modo familiar. La automutilación puede ocurrir para reasegurarse que aún pueden sentir y están vivos. Estas tendencias autodestructivas son peligrosas y deben ser detenidas.

–Capitulo seis–

ACEPTANDO TU PASADO

Hay buenas razones para **no** cambiar. Hacer cambios de cualquier clase, es un arduo trabajo. Generalmente, es más fácil permanecer del modo en que siempre has estado. Cuando haces un cambio, especialmente en un área importante de tu vida como es la de relacionarte con los demás, corres riesgos. Por ejemplo, debe ser más seguro quedarte en casa y no ir a una fiesta y sentirte nervioso por tener que conversar o estar preocupado por tu apariencia. Debe ser más fácil esconderse y guardar tus sentimientos para ti mismo que arriesgarte a ser visible y, de ese modo, vulnerable a temidos ataques.

Es importante reconocer que, probablemente, hasta ahora, hayas tenido buenas razones para no cambiar. Piensa por un minuto en algo que quieras cambiar. Ahora, piensa seriamente en todas las desventajas de hacerlo. Probablemente, puedas enumerar muchas consecuencias que podrían asustarte.

Hasta ahora, has estado protegiéndote de daños reales o imaginados. Has estado esperando no agradar a los demás, que te decepcion en o que te lastimen.

Tomará tiempo y perseverancia romper estos patrones de pensamiento y reemplazarlos por otros más positivos. Frecuentemente estarás desalentado y te preguntarás si es válido el esfuerzo; sin embargo, esfuérzate por tratar otra vez. Verás un progreso, aún cuando al principio sea lento.

Una vez víctima, ¿siempre una víctima?

Los adultos maltratados en la niñez se enfrentan con estas preguntas: *"Alguna vez, ¿me recuperaré?"* *"Alguna vez, ¿viviré una vida normal?"* Pueden sentirse desesperanzados de lograr cambios duraderos, al ver que sus auténticos propósitos fracasan pronto. Estos adultos pueden sentirse *"maltratados"* por la vida. Pero como mencioné previamente, los cambios pueden ocurrir y llevan tiempo. Es importante que seas paciente contigo y te des crédito por tu progreso.

"Recuerda, el viaje de miles de millas comienza con un simple paso."

Puede ser que quieras correr un riesgo muy pequeño, prueba a ver qué sucede, y luego vuelve atrás por un momento. Imagínate como un niño pequeño que, otra vez, está decidiendo si da o no el primer paso. Primero te paras, luego te sientas otra vez. Después te paras, das un paso pequeño y te sientas. A medida que te sientas satisfecho y seguro, trata algo más. La vida consiste en una serie de subidas, descansos, caídas y avances. Cuando estuviste aprendiendo a caminar, puedes haberlo hecho cerca de una pared, así te podías sostener con una mano. Puedes haber sujetado la mano de alguien para afirmarte. Puedes encontrar que te es difícil aceptar apoyo para los cambios que quieres hacer en este momento de tu vida. Un terapeuta, o también, otros que fueron maltratados, pueden ser de gran ayuda durante este período de transición. Recuerda, **el viaje de miles de millas comienza con un simple paso.**

Antes víctima, ¿ahora abusador?

Algunos adultos maltratados en la niñez, reaccionan nerviosamente ante la información sobre abuso infantil que expresa, *"La mayoría de los padres abusivos fueron maltratados en la niñez."* Pueden temer el hecho de estar **destinados** a golpear a sus propios niños. Muchos niños maltratados crecen y no son padres abusivos, o son adultos exitosos que eligen no tener niños.

Algunos adultos maltratados en la niñez llegan a ser agresores. Aprendieron bien las lecciones de violencia: *"Tú lastimas a los que amas,"* y *"La violencia soluciona problemas."* Pueden ser incapaces de controlar su enojo o necesitan aparecer *"rudos,"* *"fuertes"* o *"tan malos como cualquiera."* En un intento por *"ser los ganadores,"* buscan víctimas. O al actuar el rol de abusador, inconcientemente, pueden estar tratando de comprender por qué acurrió el abuso por primera vez. *"Amo a mi mujer y la golpeo quizás, mi papá amó a mi mamá y la golpeaba."*

"Antes víctima, ¿ahora abusador?"

La violencia es aprendida. Puede ser controlada. Se pueden aprender lecciones nuevas sobre maneras seguras y efectivas de relacionarse o de resolver conflictos.

Ya no importa más nada. ¿Por qué intentar?

Algunos adultos maltratados en la niñez sienten que no pueden cambiar. Simplemente, se entregan y tiran la toalla. Permíteme repetir que no cambiar es una forma de auto-protección. Si nada se arriesga, estás seguro. Lógicamente, estos adultos están agotados. Su capacidad para obedecer fue una importante condición para sobrevivir: *"No te opongas, no te quejes, siéntate allí y acéptalo."* También, pueden sentirse profundamente deprimidos y tener sentimientos de gran carencia. Pueden no tener las capacidades interpersonales necesarias para construir o mantener relaciones satisfactorias. Pueden tener miedo de confiar. Cuando la motivación es reemplazada por la apatía, esta persona puede beneficiarse con terapia. El terapeuta puede recomendar un plan de actividades para volver a despertar interés en la vida y, a la vez, cambiar patrones de comportamiento insatisfactorios.

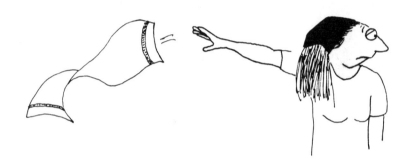

Integrándote: Basta de disociaciones

La mayoría de los adultos maltratados en la niñez tienen clara conciencia de sus fallas, y poca apreciación de su lado positivo. Juzgan sus debilidades muy duramente y, rara vez, se dan crédito o llegan a identificar sus aspectos positivos. El individuo equilibrado puede aceptar tanto lo negativo como lo positivo.

Probablemente, tu lado *"malo"*, el negativo, fue enfatizado por años. Es como si tu lado imperfecto, el *"malo"*, fuera una planta que fue regada, puesta al sol, alimentada, a la que se le habló y que creció en toda su capacidad. Mientras tanto, la planta en la sombra, lo *"bueno"* de ti, fue ignorado y, por lo tanto, no pudo crecer.

"Otro modo de pensar acerca de ti mismo es tanto en términos de aspectos positivos como de aspectos negativos."

ACTUALMENTE NO ERES UN NIÑO Y NO PUEDES REVIVIR EL PASADO. Ahora, tus padres pueden no estar físicamente presentes como para influenciar en tu vida, o quizás estén en los mismos roles abusivos en que siempre estuvieron. Pueden ser reacios o incapaces de establecer una positiva relación contigo. Por lo tanto, depende de ti el mejorarte y dejar de esperar que ellos cambien. Comienza por identificar y descubrir tus aspectos positivos. Date pleno crédito por lo que haces bien; te lo mereces. Imagina cómo te gustaría que te hablasen o que te trataran. Luego, desarrolla completamente esta escena en tu imaginación. Busca gente que te trate bien, que te respete y apoye. Cultiva aquellas amistades. Déjalos ayudarte diciéndoles qué es lo que necesitas. Al principio, corre pequeños riesgos. No te apresures. Si te encuentras que estás constantemente regañándote por algo que no hiciste perfectamente, haz lo opuesto, identificando algo que hiciste bien. (Por ejemplo, quemaste el arroz; pero las verduras estaban a punto.) Equilíbrate. Dáte crédito.

Presumo que te será sencillo encontrar tus faltas. Te propongo que encuentres tus ocultos o inexpresados talentos, que reconozcas y te sientas orgulloso de tus logros, y que los recuerdes cuando cometas un error o hagas algo mal. No dejes que los errores te vuelvan atrás. **Todos** los cometemos. **Nadie** es perfecto.

Una vez que puedas aceptar ambas partes de ti mismo, las positivas y las negativas, estarás en camino a sentirte más entero. Experimentarás un mayor equilibrio y muy pocos cambios bruscos de humor. Tu confianza puede crecer. Probablemente, entonces, seas menos duro contigo.

Expresión constructiva del enojo

Si te sientes enojado la mayor parte del tiempo, no eres una persona rara. Si puedes expresar o canalizar constructivamente tus pensamientos y sentimientos de enojo, eres un ser poco común. La mayoría de nosotros no aprendemos a expresar nuestro enojo de maneras *"aceptables"*. Nuestra cultura desaprueba la expresión del enojo. El enojo de los niños, generalmente, es visto como malo o inaceptable. Las rabietas, a menudo, son castigadas. El enojo no es inherentemente malo. Expresarlo violentamente, sí.

Nadie puede decirte cómo expresar tu enojo de un modo saludable, pero es importante explorar el problema. Puedes querer hablar con tus amigos, terapeuta u otros acerca de este tema. ¿Cómo manejan su enojo? Algunos comienzan una actividad física en el momento en que el enojo aparece en el cuerpo, haciendo que los músculos se pongan apretados, tensos. Correr, trotar y otras formas de ejercicio pueden descargar energía y enfriarte. Algunos se dan duchas, hablan con amigos, patean envases de huevos o golpean almohadones. Otra gente medita y hallan modos de relajar sus cuerpos, tal como tomar baños calientes o hacerse dar masajes.

"Algunos trotan, se dan una ducha..."

También, es crucial ver qué es lo que te pone enojado y desarrollar modos para solucionar el problema, resolviendo el conflicto, poniendo límites y comunicándote de manera efectiva. Evitar que el enojo *"crezca"*, identificandote con tus sentimientos.

Tal como mencioné previamente, el enojo, generalmente, es la otra cara de la impotencia. Puedes querer preguntarte, *"¿Ante qué me siento impotente?" "¿Frente a qué me siento desvalido y cómo puedo recuperar un poco de poder o control?"* antes de preguntarte *"¿Qué es lo que me hace estar enojado?"*

Responde, no actúes por impulso

Si tú has sido golpeado, es lógico que puedas temer otros ataques. Si has sido molestado o violado, es difícil confiar en que no va a pasar otra vez. Si has sido desatendido, es difícil imaginar que alguien pueda velar por tu bienestar.

Aún en un ambiente seguro, el instinto de autoprotección puede continuar operando, a pesar de ya no ser vitalmente necesario. En realidad, esta conducta espontánea o reacción puede ser contraproducente en este momento de tu vida. Aprender nuevas respuestas va a ser importante.

Es más útil **responder** a los otros que actuar por reacción. Cuando respondes, has advertido el impulso, pero te has detenido un momento a evaluar tus pensamientos y sentimientos, y has medido las consecuencias que acarrearían determinadas acciones. Generalmente, cuando actúas más por reflexión que por reacción, has pensado completamente qué es lo que realmente quieres conseguir y puedes llegar a un intercambio útil. Cuando actúas de un modo reflexivo, los otros tienden a escuchar y a cooperar.

Crea oportunidades

Acerca del abuso en el pasado, es útil pensar de este modo: Sucedió, fue doloroso, no puede ser borrado. Te ha predispuesto a ciertas vulnerabilidades, pero tú puedes hacer cambios positivos. Sobreviviste al abuso, desarrollando buenos mecanismos de supervivencia. Ahora, necesitas reemplazar aquellos mecanismos protectores por comportamientos estimulantes.

No es suficiente comprender por qué eres tan tímido, por qué puedes dejarte amenazar o por qué puedes tolerar relaciones abusivas; ahora, debes crear oportunidades para cambiar. ¿Cómo?

Comienza corriendo pequeños riesgos y aprovechando las oportunidades. Este es el único modo en que obtendrás información nueva acerca de ti y de los demás. Habla con gente a quién, usualmente, no puedes acercarte. Diles algo acerca de ti. Pregúntales acerca de ellos. A mucha gente le gusta hablar de sus cosas personales.

Trata de creer que las cosas agradables que alguien dice acerca de ti son ciertas. Aprende a aceptar halagos. Llama a un amigo a quién no has visto por un tiempo y pregúntale si le gustaría hacer algo juntos. Si dice que no, trata otra vez.

En algunos casos, los adultos maltratados en la niñez cuentan a extraños y a conocidos acerca de su abuso, solamente para encontrar que la gente se retira tímidamente o lo que es peor, les dicen que fueron culpables. Esto puede suceder porque mucha gente se siente incómoda con el dolor de otros y no sabe cómo responder. Te propongo que, al principio, encuentres otras cosas acerca de qué hablar: una película que viste, un artículo que leiste en el diario, uno de tus hobbies o intereses. Si no tienes ninguno, ahora es un buen momento para desarrollar uno.

Si siempre has tenido un deseo secreto, no existe mejor momento que ahora para concretarlo. Quizás siempre has querido ver cómo es una cancha de bolos, o ir a un partido de béisbol, escuchar música en vivo, o patinar en el parque. Organízate para hacer exactamente eso. Muchos adultos que fueron maltratados de pequeños, perdieron parte de su niñez. Ahora es tiempo de recobrar algo de ella haciendo divertidas *"chiquilinadas"*. ¡Adelante! Te lo mereces.

Mucha gente puede no estar capacitada para definir la palabra *"diversión"* o identificarse con actividades divertidas. Haz una lista de las cosas que te atraen y comienza probando. Permítete divertirte. Con esta clase de exploración, puedes empezar a hacer conexiones con el mundo. Esta sensación de conexión te ayudará a obtener tu equilibrio y a sentirte parte de la vida. La sensación de flotar e ir a la deriva puede desaparecer en cuanto comiences a encontrarte a ti mismo quién eres realmente, no lo que te dijeron que eras, o lo que siempre pensaste que eras.

Libérate de los engaños familiares

Los adultos maltratados en la niñez están influenciados por sus opiniones acerca de sí mismos, tales como *"No le gustaré a la gente"*, *"La gente se reirá de mi aspecto"* o *"Todos son mejores que yo"*. Estos son viejos mensajes que se repiten en tu mente. No toma mucho tiempo comenzar a creer en ellos.

Otra gente tiene mensajes diferentes. Piensan, *"Todos piensan que soy estupendo"*, *"Soy la persona más hermosa del mundo"* o *"Soy superior."* **Ellos pueden sentirse igualmente inseguros, por dentro, pero tienen diferentes respuestas externas.** Si colocas juntas dos personas con estas dos clases de opiniones acerca de sí mismas, hacen una pareja perfecta. Se complementan. Cada uno apoya, refuerza y comparte responsabilidad en la interacción. La persona que se siente superior tratará de controlar a la persona que se siente inferior. La persona que se siente inferior puede sentirse aterrorizada o victimizada por la persona aparentemente más fuerte, que pide obediencia. Ambos, contribuyendo a la interacción, mantienen el control de lo que sucede. Si tú eres la persona que se siente inferior, te puedes sentir incómoda, especialmente en la compañia de la persona que se siente superior. Esta persona sostiene tu autoimagen negativa y por lo tanto es confortable y familiar. La persona que se siente superior también puede sentirse incómoda, ya que requiere mucho esfuerzo evitar enfrentar la verdad él, también, se siente inseguro e inferior.

Puede ser útil conocer tus vulnerabilidades, pero evita a aquella gente que parece apoyar tus debilidades y menospreciar tus aspectos positivos.

Trata de presentarte de modo tal que los otros no se enteren de tus puntos débiles o sensibles. Por ejemplo, si en presencia de tu jefe estás nervioso y encuentras que no puedes hablarle cuando está cerca, ten en cuenta tu conducta nerviosa. ¿Evitas el contacto visual, vacilas al hablar, cambias el peso de un pie al otro? Trata de cambiar estas respuestas. Mira a los ojos, aunque sea por periodos cortos ... mira a su nariz si mirarlo a los ojos te es particularmente difícil. Trata de sentarte cuando hablas con él. Trata de hablar con voz natural, lenta pero claramente.

Cuando hagas estos cambios, ganarás más confianza y verás, de antemano, que nada malo sucede. En realidad, puedes encontrar que tu jefe, de repente, se comporta contigo de una manera más positiva.

Practica el hablar con tu jefe frente al espejo. Toma turnos, exagerando tu nerviosidad y cómo piensas que debes lucir, y luego cambia hacia una presentación más controlada de ti mismo. Practica mirando a los ojos de la gente con la que te sientes cómodo. Deja que los otros sepan que estás nervioso. A veces, precisamente decir que estás nervioso, ayuda. En general, la gente comprende, ya que todos nos sentimos nerviosos en algún u otro momento. Recuerda, pequeños pasos significan progreso. Mientras continúes avanzando, el cambio puede ocurrir.

Hazte visible

Si fuiste maltratado en la niñez, aprendiste mecanismos para sobrevivir. En aquel momento fueron necesarios porque te mantuvieron vivo, o te ayudaron a *protegerte* del dolor. Sin embargo, en este momento de tu vida, puede ser que no exista una amenaza real y que aquellos mecanismos ya no sean necesarios.

Uno de esos mecanismos fue aprender a ser invisible. Muchos adultos maltratados en la niñez llegaron a ser expertos. Aprendieron a estar quietos, a contener su aliento, a dejar la habitación o a confundirse con los muebles, para no provocar una agresión. Aprendieron a evitar ser golpeados, reñidos, asaltados sexualmente o maltratados, estando emocional o físicamente distantes o desconectados.

Estar desconectado emocionalmente es un mecanismo de supervivencia que te protege de sentir un intenso dolor. Por ejemplo, un niño que es maltratado sexualmente puede ocupar su mente con otros pensamientos durante el abuso o fingir estar dormido. El niño evita su dolor desconectándose e imaginando que el abuso no está sucediendo o que le está sucediendo a otro.

El problema con estar desconectado emocionalmente con respecto al resto del mundo es que, a menudo, además de no sentir dolor, se siente poco. Sentimientos positivos, de afecto, si es que están presentes, también, se dejan fuera.

Este mecanismo, en la vida adulta, bloquea la capacidad individual para confiar, para experimentar una amplia gama de emociones y formar y mantener relaciones satisfactorias. Es importante dejar de lado los mecanismos de supervivencia que ya no son necesarios.

Conoce tu propio poder

Si fuiste maltratado en la niñez, probablemente creciste sintiéndote impotente para detener el abuso, o al menos, para cambiar algo. De joven, tuviste un poder limitado, tanto física como emocionalmente.

De adulto, es importante reconocer tu propio poder. Comúnmente, parecieran ocurrir dos reacciones. Una es el real miedo a abrumar a los demás con la intensidad de sentimientos fuertes. Por lo tanto, este poder debe ser mantenido a rienda corta. A veces, esto resulta en acciones inefectivas con los demás y puedes sentir que al reprimirte demasiado, no puedes hacer cambios positivos. La otra reacción es abrumar a los demás como para llamar la atención o cambiar algo. La meta puede ser lograda, pero a expensas de la personal desaprobación de los otros. No es necesario ni reprimirse completamente ni abrumar a alguien con tu poder. Existe un término medio. Podría serte útil experimentar, usando cada vez, un poco de tu poder hasta que descubras el equilibrio que te da mejores resultados.

Los adultos maltratados en la niñez tratan de recobrar poder de muchas maneras. Un modo es intelectualizando, tratando de impresionar a los demás usando palabras que nadie comprende, o pareciendo conocer todas las respuestas. Cuando tú hablas todo el tiempo, probablemente tengas miedo de que, al detenerte, alguien pueda decir algo que tú no quieres oír. O que si dejas de hablar, la otra persona te deje. También podrías hablar sin parar para tapar la ansiedad que sientes cuando estás con otros.

Tanto intelectualizar como hablar demasiado, son modos de ejercer poder o en los que te sientes en control. También, pueden crear distancia entre tú y los demás. Si ésto sucede, el hablar demasiado no está funcionando para ti, ya que tu meta es llegar a estar más conectado con la gente.

Otro modo de estar en control es actuando con mentalidad psicologista y tratando de analizar todos los hechos del pasado. Cuando estos individuos hablan es como si estuvieran contando una historia que le sucedió a otro. Y como vimos anteriormente, han aprendido a desconectarse del dolor, y haciendo ésto, sienten menos dolor y malestar. Es importante enfrentarse con el viejo dolor, para que no interfiera al establecer un contacto positivo con los demás.

Amplía tus posibilidades

Vale la pena repetir que si fuiste maltratado, tuviste limitadas opciones. Pudiste llorar, esconderte, sacar la lengua, desconectarte de sensaciones corporales, comer mucho, no comer, lastimarte, enfermarte, etc. Como adulto, tienes más posibilidades. Recuerda esto cuando te sientas insatisfecho con el modo en que manejas una situación y piensa en otros modos en que podrías haberte comportado o en otras cosas que podrías haber dicho. Considera cómo los otros podrían haber reaccionado, si hubieras respondido en diferente forma.

Capítulo siete

DILE ADIOS A LOS PADRES QUE NUNCA TUVISTE

Mientras continúes afligiéndote por lo que nunca fue, y nunca va a ser, estás atado al pasado.

Si fuiste maltratado, te faltó vivir la experiencia de ser amado de un modo seguro, coherente, como cada niño merece. Nunca fuiste alentado a desarrollar confianza en ti mismo y un sentido de pertenencia y de valor. Debes decir adiós al *"deseo"* de tener padres perfectos y continuar con el resto de tu vida. Será difícil para ti, ya que, aún, no estás seguro de qué es lo que está al alcance y qué es posible lograr. Pequeños cambios y riesgos te darán nueva información a considerar. ¿Qué clase de contacto con la gente te hace sentir bien? ¿Podrías tener una conversación con alguien que está interesado en ti? ¿Cómo te sientes si experimentas sentimientos íntimos por alguien? ¿Cómo y cuándo te sientes seguro con los demás? **Cuando dejas de desear a los padres que esperabas tener, le das lugar a la gente real en tu vida.**

Además de renunciar al deseo, también debes decir adiós a los fantasmas de los padres que tuviste. Pueden invadir tus pensamientos e interferir en tus actuales relaciones. A pesar de que te puedas sentir seguro en relaciones familiares abusivas, lentamente, debes arriesgarte en lo no familiar y tolerar la ansiedad de lo desconocido.

Al hablar con adultos maltratados en la niñez acerca de sus padres o familias, siempre surge la pregunta acerca de qué hacer a esta altura, cuando se conoce o se acepta el abuso.

Esta es una pregunta muy complicada que no tiene respuestas definitivas. Mi consejo es éste: si vas a *"enfrentar"* a tus padres por haberte maltratado, ten la seguridad de no tener en mente determinadas expectativas, ya que puedes estar preparándote para una profunda decepción. Algunos niños maltratados en el pasado esperan la *"confesión"* de sus padres (admisión de responsabilidad) y su pedido de olvido. No esperes ésto. Frecuentemente, está más allá del alcance de los padres, que pueden haber luchado toda su vida para negar o tapar el abuso. Algunos padres abusivos negarán los hechos por completo, y se pondrán en tu contra otra vez, dando a entender que al hacer tal acusación, estás enfermo, loco o perturbado. Tu fantasía de tener una anhelada y merecida disculpa o algún intento como compensación o consuelo pueden ser disipados rápidamente.

Una relación con los padres que ha sido tensa y débil puede acabarse totalmente después de un enfrentamiento. Ten en cuenta esta posibilidad. Si estás preparado para enfrentarlos, arriésgate. Si vas a quedar destruido por la negación o la acusación, tómate más tiempo antes de actuar. Algunos adultos maltratados en la niñez han conseguido apoyo y consuelo de padres que han lamentado sus acciones, que no estaban al tanto del alcance e impacto de su conducta en el niño, o que estaban en una situación en dónde un padre no sabía que el otro era abusivo. Sin embargo, cuando adultos maltratados en la niñez confrontan a sus familias tal actitud comprensiva, en general, es más la excepción que la regla.

Si lo deseas, dile ¡Hola! al padre que puedes llegar a ser.

Muchos adultos maltratados en la niñez temen tener niños. Pueden haber oído que la mayoría de los padres abusivos fueron niños maltratados. Aún cuando esto es verdad, existen muchos niños maltratados que llegan a ser padres competentes y cariñosos. A veces, tuvieron una persona significativa en sus vidas que fue un buen modelo paterno. En otros casos, el asesoramiento les ayudó a poner el pasado en perspectiva.

"Díganle ¡Hola! al padre que pueden llegar a ser."

Somos afortunados al vivir en una época y en una cultura que apoya a los padres, brindando la ayuda que necesitan o desean. Los padres ya no esperan saber *"instintivamente"* como manejar a sus hijos y no son rechazados por el hecho de solicitar ayuda. Grupos de padres, clases para padres, y servicio telefónico para crisis, están a la órden, dispuestos y habilitados para hablar sobre los padres y la crianza. No dejes de permitirte la experiencia de ser padre porque temes que se repita el patrón abusivo. Discute tus concretas preocupaciones, temores y deseos con un consejero u otros adultos maltratados en la niñez.

Liberándote: Basta de fantasías

Como niño maltratado, puedes haber esperado en vano por alguien que viniese y te rescatase. Aún de adulto, puedes estar buscando soluciones fuera de ti mismo: *"Si sólamente el trabajo fuera mejor," "Si sólamente la gente me entendiera," "Me hubiera gustado haber tenido a alguien que cuidara de mí."*

Es más productivo buscar en ti mismo estas respuestas y soluciones, para lograr un sentimiento de seguridad en ti mismo y de realización. Depender de los demás puede terminar en decepción. Esto fomenta tu dependencia en la presencia y protección de otros para sentirte seguro, lo cual puede incrementar el patrón de aferrarte y abrumar a los demás con tus necesidades. La fuerza para dar estos pasos vendrá de ti con, quizás, un poco de ayuda de tus amigos. Aprender como atreverse y arriesgarse, protegiéndote de daños innecesarios, desarrolla tu seguridad y confianza. Estas son lecciones importantes para todos, pero particularmente difíciles para alguien acosado por dolorosas experiencias pasadas.

SUPLEMENTO

Los hermanos no maltratados

En casos de violencia física, negligencia, abuso emocional o sexual, todos los miembros de la familia pueden ser afectados.

Si en tu familia fuiste un niño que no fue maltratado, es probable que hayas tenido una o más de las siguientes reacciones:

Culpa: Alguno de ustedes puede haberse sentido culpable por no haber sido el niño maltratado. Puedes sentir que **deberías** haber protestado o que, de algún modo, deberías haber ayudado a tu hermano o hermana. Probablemente, te sentías impotente para detener el abuso, pero a la distancia, puedes sentirte responsable por no haber hecho un esfuerzo mayor.

También, puedes haberte sentido aliviado porque no fuiste maltratado. Al mismo tiempo, puedes haberte sentido culpable por reaccionar de este modo. Alguno de ustedes puede haber tratado de provocar el abuso de uno de los padres o de la persona que te cuidaba, como para probar la lealtad a tu hermano.

Miedo: Aún cuando tú puedes no haber sido el niño elegido para ser maltratado, puedes haber vivido con miedo de que, algún día, la situación pudiese cambiar y tuvieses que sufrir una paliza, abuso emocional o sexual o rechazo paterno. Algunos hermanos tuvieron que ser "testigos" de lo que les pasaba a los niños "malos", y ese tipo de advertencias frecuentemente son aterrorizadoras.

Promocionándote como el niño perfecto: En un intento por evitar ser maltratado, puedes haberte esforzado para ser visto como el niño "bueno", buscando la aprobación de tus padres. Esta fue
una reacción normal para adaptarse a la situación, pero ahora puedes sentirte culpable y avergonzado de haberte comportado de ese modo.

Tanto el niño no maltratado como el maltratado, pueden llevar consigo recuerdos y dolor cuando adultos y pueden mirar atrás y abrir juicios sobre su comportamiento. Para el hermano no maltratado, es crucial comprender que evaluar el pasado desde un punto de vista adulto necesariamente incluye concepciones adultas. Los niños no tienen la capacidad y la posibilidad de decisión que poseen los adultos.

La mayor tragedia para los hermanos no maltratados es que su culpa puede impedirles mantener contacto con su hermano maltratado. Ambos necesitan ayuda para acercarse y "trabajar" con sus sentimientos y reacciones hacia el otro, pero una vez que ésto se logra, es posible construir una relación familiar de mutuo beneficio.

Parejas de adultos maltratados en la niñez

Como he dicho al comienzo del libro, los adultos que fueron maltratados de pequeños pueden tener distintas reacciones a largo plazo frente al abuso en la niñez. A menudo, les es difícil comenzar o mantener relaciones largas, duraderas, satisfactorias. Muchas veces, el esposo o pareja del adulto maltratado en la niñez tiene sentimientos y reacciones que pueden ayudar o interferir en el desarrollo y la duración de la relación.

El salvador: A veces, cuando los adultos maltratados vuelven a contar su historia, aquellos que los rodean pueden sentir un deseo abrumador de protegerlos y de brindarles una experiencia

totalmente diferente. Esto puede llegar a ser un deseo poco realista, ya que todas las relaciones incluyen peleas, conflictos y presiones.

Las parejas de adultos maltratados en la niñez pueden perjudicarse si esperan poder "compensar" el abuso transformándose en padres, amantes, amigos y salvadores. Por temor a repetir el abuso, pueden llegar al otro extremo, sobreprotegiendo al adulto maltratado en la niñez.

El castigador inocente: A menudo, los adultos que fueron maltratados en la niñez, pueden sentirse incómodos con una pareja muy cariñosa y, de vez en cuando, pueden comportarse de tal modo que provocan la clase de abuso que conocieron cuando crecían. No están tratando de ser maltratados, están tratando de sentirse cómodos, recreando una situación familiar. La pareja, de repente, puede descubrir que tiene sentimientos de rabia o frustración hacia el adulto maltratado en la niñez y puede sentir mucha culpa y dolor por esta reacción. Es importante darse cuenta cuando esta situación acaba de ocurrir, y cortarla de raíz, hablando sobre ello o solicitando ayuda.

Confusión: Un adulto maltratado en la niñez no ha tenido un modelo de cómo es una positiva relación adulta. A causa de ésto, pueden fracasar en cada intento, cuando tratan de relacionarse, día a día, con alguien que aman. Este comportamiento puede confundir a la pareja que, constantemente, puede sentirse rechazada, aceptada, o desafiada. La confusión puede conducir a la frustración y, aún, al resentimiento. Y como mencioné anteriormente, estos son sentimientos que pueden servir como señales a tenerse en cuenta para hablar de esta situación.

Impotencia, dolor y enojo: Las parejas de adultos maltratados en la niñez pueden experimentar un gran dolor por lo que han soportado las personas amadas. Frecuentemente, deben mantener relaciones con familiares políticos, sabiendo perfectamente lo que pasó. Mientras que el adulto maltratado en la niñez puede tener su propia manera de relacionarse con su familia, su pareja puede sentirse impotente para cambiar algo, y respetuoso de los deseos de su compañera, puede no confrontar o reconocer el pasado.

Este sentimiento de impotencia creará, por cierto, una sensación de enojo, el cual puede no ser siempre expresado directamente.

Impaciencia: Las parejas de adultos que fueron maltratados de pequeños pueden sentirse impacientes con los conflictos de su pareja, en torno al abuso en la niñez. Pueden sentir que el pasado es el pasado y, frecuentemente, pueden descubrir que están irritados por la atención puesta fuera del presente y de la relación. Esto puede hacer sentir a las parejas insensitivas y culpables.

Esta es una versión taquigráfica de algunos de los problemas que pienso pueden afectar a los hermanos no maltratados y a las parejas de adultos maltratados en la niñez. Espero que si te hallas en alguna de estas categorías, veas que mereces ayuda en tratándose del impacto indirecto del abuso infantil.

Epílogo

Después de leer este libro, puedes tener una visión clara sobre si fuiste o no maltratado en la niñez. También has reconocido, felizmente, el impacto de esta experiencia en alguno de tus pensamientos y sentimientos acerca de ti y de la gente en tu vida.

Este ha sido un buen primer paso. Espero que, ahora, continúes en el proceso de colocar las experiencias a distancia, y hagas cambios positivos en tu vida.

Existe mucha gente y organizaciones dispuestas a ayudar. Consejeros en muchas áreas han comenzado grupos para adultos maltratados en la niñez, física, sexual o emocionalmente y, también, terapeutas que hacen terapia individual si es que la idea de un grupo suena aterrorizante. Existen, también, grupos de auto-ayuda, servicio telefónico para crisis y otros recursos que puedes encontrar de utilidad. En las pocas páginas que siguen, te doy algunas referencias para que leas más material, así como servicios a los que puedes llamar para conseguir información adicional.

Felicitaciones por terminar este libro y buena suerte en tu camino.

Servicios Nacionales

Para encontrar Servicios* en tu área llama o escribe a estas Organizaciones Nacionales:

Parents Anonymous. (Padres Anónimos)
22330 Hawthorne Blvd., Suite 208
Torrance, CA 90505   (800) 352-0386

Parents United/Sons and Daughters United
(Padres Unidos/Hijos e Hijas Unidos)
(Tratamiento para Abuso Sexual)
P.O. Box 952
San José, CA 95108   (408) 280-5055

National Center of Child Abuse and Neglect
(NCCAN)
(Centro Nacional de Abuso Infantil y Negligencia)
Department of Health and Human Services
(Departamento de Salud y Servicios Humanos)
P.O. Box 1182
Washington, D.C. 20013   (202) 245-2856

National Committee for Prevention of Child Abuse
(Comisión Nacional para la Prevención del Abuso Infantil)
332 South Michigan Avenue, Suite 1250
Chicago, IL 60604-4357   (312) 663-3520

C. Henry Kempe National Center for the Prevention &
 Treatment of Child Abuse and Neglect
(Centro Nacional C. Henry Kempe para la Prevención y

Tratamiento del Abuso Infantil y Negligencia)
1205 Oneida Street
Denver, CO 80220   (303) 321-3963

* Estos recursos incluyen servicio telefónico para crisis, grupos de auto-ayuda, "homemaker services" (agencias que ofrecen empleados que prestan distintos servicios concernientes a la casa), "respite care" (organizaciones que, temporariamente, reemplazan a los padres en su función, ofreciéndoles un descanso o "respiro"), grupos para adultos maltratados en la niñez (sobrevivientes), Parents Anonymous (auto-ayuda para padres abusivos), Parents United (tratamiento del abuso sexual infantil, para familias), Child Abuse Councils (Concejos sobre Abuso Infantil), y servicios de consejeria.

Los Concejos sobre Abuso Infantil locales pueden brindarte información y derivarte a servicios de la zona y pueden dar charlas educativas en tu iglesia, grupo vecinal, escuela, etc.

Bibliografía Recomendada

Helfer, Ray **A Crash Course in Childhood**, 1978, First Evaluation Edition published by Ray E. Helfer, Box 1781, East Lansing, MI 48823.

Butler, S. **Conspiracy of Silence**, New Glide Publications, San Francisco, CA, 1978

Herbruck, Chris **Breaking the Cycle of Child Abuse**, Winston Press, Minneapolis, MN, 1979.

Otros libros en español pueden ser ordenados al National Committe for the Prevention of Child Abuse (Comisión Nacional para la Prevención del Abuso Infantil), 332 So. Michigan Avenue, Suite 1250, Chicago Illinois 60604-4357 (312)663-3963.